Bibliografische Information der Deutschen Nationalbibliothek:

Die Deutsche Bibliothek verzeichnet diese Publikation in der Deutschen National-
bibliografie; detaillierte bibliografische Daten sind im Internet über http://dnb.d-
nb.de/ abrufbar.

Impressum:

Copyright © 2009 GRIN Verlag, Open Publishing GmbH
Druck und Bindung: Books on Demand GmbH, Norderstedt Germany
ISBN: 978-3-656-48602-2

Dieses Buch bei GRIN:

http://www.grin.com/de/e-book/231686/freie-software-und-open-source-im-kontext-
schule

Josef Grabner

Freie Software und Open Source im Kontext Schule

Eine Bestandsaufnahme

GRIN Verlag

GRIN - Your knowledge has value

Der GRIN Verlag publiziert seit 1998 wissenschaftliche Arbeiten von Studenten, Hochschullehrern und anderen Akademikern als eBook und gedrucktes Buch. Die Verlagswebsite www.grin.com ist die ideale Plattform zur Veröffentlichung von Hausarbeiten, Abschlussarbeiten, wissenschaftlichen Aufsätzen, Dissertationen und Fachbüchern.

Besuchen Sie uns im Internet:

http://www.grin.com/

http://www.facebook.com/grincom

http://www.twitter.com/grin_com

Freie Software und Open Source
im Kontext Schule

Eine Bestandsaufnahme

von Josef Grabner

Linz, 2009

1   Inhalt

1   Inhalt 2

2   Einleitung 3

3   Situationsanalyse an den Pflichtschulen des Bezirkes Ried im Innkreis 4

4   F/OSS in der österreichischen Bildungslandschaft 8

5   Position der EU zu F/OSS 15

6   Kritische Bewertung von F/OSS 17

7   Kosten 20

8   Abhängigkeit vom Anbieter 21

9   Möglichkeit der Weitergabe 23

10 Hilfestellung und Support 24

11 Resümee 27

12 Abbildungsverzeichnis 28

13 Bibliographie 29

2 Einleitung

In einer zunehmend digitalen Welt ist die bestmögliche informationstechnische Ausbildung der Schülerinnen und Schüler eine unabdingbare Notwendigkeit. Waren bislang Microsoft Windows und Microsoft Office die meist verwendete Software, so hat mittlerweile Freie Software und Open Source Software, in weiterer Folge mit F/OSS abgekürzt, eine Marktreife erreicht, welche einen Einsatz auf Schulrechnern mehr als rechtfertigt.

Da die Auszubildenden zukünftig wohl auf eine zunehmend heterogene Softwarewelt treffen werden, sind sie im Unterricht entsprechend darauf vorzubereiten.

Indem F/OSS außerdem kostenlos an Schülerinnen und Schüler weitergegeben werden kann, ergibt sich für sie die Möglichkeit, mit entsprechender Software auch zu Hause zu arbeiten.

Der Forderung nach Standards und Kompetenzvermittlung Rechnung tragend, stellt die Verwendung von Freier Software und Open Source Software grundsätzlich eine Bereicherung des Unterrichts dar.

Vermehrt sind Lösungsstrategien gefragt, die nicht alleine durch Produktschulungen vermittelt werden.

Gerade die zunehmend geforderte Flexibilität, Teamfähigkeit und Selbständigkeit der Lernenden kann durch den Einsatz von F/OSS bereits im Pflichtschulalter eine zusätzliche Förderung erfahren.

Die softwaremäßige Migration erfolgt hierbei noch nicht auf Betriebssystembasis, sondern es werden die Anwendungsprogramme aus dem F/OSS-Bereich parallel zu bereits vorhandener proprietärer Software auf den Computern installiert. Hierbei spricht man von einer so genannten „Sanften Migration".

Die Möglichkeiten und Vorteile einer „Sanften Migration" werden aus der Sicht der EDV-Verantwortlichen sowie der Schülerinnen und Schüler beleuchtet und entsprechend ausgeführt.

Im Folgenden wird die konkrete Situation an den Pflichtschulen im Bezirk Ried im Innkreis dargestellt.

3 Situationsanalyse an den Pflichtschulen des Bezirkes Ried im Innkreis

Die konkrete und aktuelle Situation im EDV-Bereich wurde von den 10 Hauptschulen im Bezirk Ried i. I. über die EDV-Verantwortlichen mitgeteilt.

Die Befragung der EDV-Kustodinnen und -Kustoden wurde mit der Open Source Software Limesurvey durchgeführt, welche zu diesem Zweck auf dem Webserver der Informatikhauptschule Aurolzmünster installiert wurde.

Abbildung 1: Onlineumfrage im Bezirk Ried i. I. mittels Limesurvey

Dabei üben 7 EDV-Kustodinnen und -Kustoden ihr Amt bereits seit über 10 Jahren aus, die übrigen sind weniger als fünf Jahren in diesem Bereich tätig.

Die Ausstattung der Schulen im IKT-Bereich ist grundsätzlich vergleichbar, so stehen den Schülerinnen und Schülern ein bis zwei EDV-Säle zur Verfügung, den Lehrerinnen und Lehrern in den Konferenzzimmern zwischen zwei und fünf Computerarbeitsplätze.

Verwendet wird fast ausschließlich das Betriebssystem Microsoft Windows XP, an zwei Schulen zusätzlich auch noch Windows 9x bzw. Windows Vista.

Als Server-Betriebssysteme kommen durchwegs Microsoft-Produkte zum Einsatz.

Alleine bei den verwendeten Office-Varianten zeigt sich eine große Vielfalt an eingesetzten Versionen.

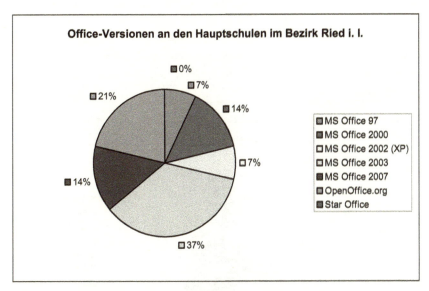

Abbildung 2:   Office-Versionen an den Hauptschulen im Bezirk Ried i. l.

Sieben der befragten Netzwerkbetreuerinnen und -betreuer sahen einen Vorteil beim Einsatz von F/OSS im Bildungsbereich. Dabei wurden die folgenden Gründe angeführt:

- Software kann den Schülerinnen und Schülern ausgehändigt werden
- Unabhängige Systeme
- Leichter Zugang im Internet
- Sie ist kostengünstig
- Ich kann den Lernenden diese Software mit nach Hause geben, sodass sie das Gelernte mit demselben Programm üben können
- Kostenreduzierung
- Keine Lizenzkosten, Schülerinnen und Schüler können die Software auch zu Hause verwenden
- Kosten

So gab auch nur eine Schule an, keine Probleme bezüglich der Lizenzkosten bei der Softwarebeschaffung zu haben. Zwei der EDV-Kustodinnen und -Kustoden gaben an, dass anfallende Lizenzkosten sehr wohl eine große Hürde darstellen, wenn Software angekauft werden soll.

Verwendung finden dabei die folgenden Vertreter aus der F/OSS-Szene, wobei auffällt, dass es keine Hauptschule gibt, an der überhaupt nicht mit Freier bzw. Open Source Software gearbeitet wird:

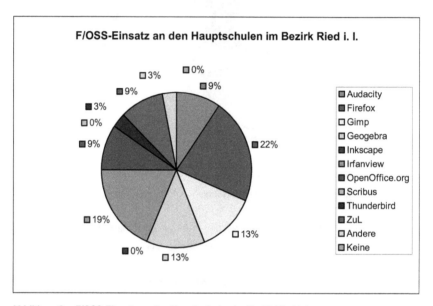

Abbildung 3: F/OSS-Einsatz an den Hauptschulen im Bezirk Ried i. I.

Über die Qualität der verwendeten Freien Software ist man durchaus unterschiedlicher Meinung. So befinden sechs Mitglieder der Kustodengruppe die Qualität im Vergleich zu proprietärer Software als gleich, vier sehen sie schlechter abschneiden.

Die Begriffe Freie Software und Open Source Software sind den EDV-Kustodinnen und -Kustoden hinlänglich bekannt.
Neun EDV-Verantwortliche meinen, es sollte mehr Fortbildungsangebote im Bereich F/OSS für die Unterrichtenden geben, auch wenn zugleich festgestellt wurde, dass der aktuelle Informationsstand zum Thema durchaus ausreichend sei.

Gefragt nach der Durchführung von ECDL-Prüfungen gaben 7 Schulen an, solche Prüfungen bereits durchzuführen, zwei Schulen nicht und eine Schule plane eine diesbezügliche Durchführung.

Auf die Frage nach der Abhaltung der Prüfungen unter Verwendung von OpenOffice.org gab es nur eine Schule mit diesbezüglicher Erfahrung. Eine weitere Schule gab an, den Umstieg auf OpenOffice.org für ECDL-Prüfungen zu planen.

Zusammenfassend kann hier festgestellt werden, dass auch unter den Informatiklehrerinnen und -lehrern bzw. EDV-Kustodinnen und -Kustoden der Wunsch nach mehr Fortbildung in Richtung F/OSS existiert. Damit könnte unter Umständen auch eine größere Akzeptanz erreicht werden.

Zum anderen wurden auch wirtschaftliche Gründe wie Lizenzkosten für den Einsatz von F/OSS angeführt.

Und nicht vergessen werden sollte in diesem Zusammenhang, dass es als zusätzlich positiv gewertet wird, dass Schülerinnen und Schüler diese Software auch uneingeschränkt zu Hause verwenden dürfen.

4 F/OSS in der österreichischen Bildungslandschaft

Trotz wohlmeinender Ankündigungen über die Einführung von F/OSS an den Schulen sind es doch immer wieder Einzelinitiativen, die in diese Richtung gestartet werden. Österreichweit gibt es zwar Willenskundgebungen, ein gemeinsames Konzept fehlt jedoch.

Sowohl die Umfrage an die EDV-Verantwortlichen im Bezirk Ried als auch das Interview mit dem Kollegen Johann Oblinger bestätigen ein Informations- und Schulungsdefizit im Bereich F/OSS im schulischen Einsatz.

Kollege Oblinger hat die Erweiterungsprüfung für Informatik im Jahre 1990 ablegt und beschäftigt sich seit fünf Jahren intensiv mit F/OSS im Unterricht. Er kennt die aktuelle Situation an den Pflichtschulen in Bezug auf Freie Software bzw. Open Source Software und stellt sie folgendermaßen dar.

> „Ich verwende OpenOffice.org, Firefox, aber auch Sunbird, Gimp und andere. Ich verwende diese Applikationen auch als Portable Versionen für die Schüler.
> Und indem es Schüler gibt, die keine Software wie Office zu Hause haben, gebe ich die Software den Schülern auf einem USB-Stick mit.
> Auf dem USB-Stick nehmen die Schüler auch ihre Arbeitsdateien mit nach Hause.
> Dass die Schüler die Software selber auf einem Stick haben, taugt ihnen.
> Außerdem sind die Eltern nicht immer erfreut darüber, wenn die Kinder auf deren Rechner Software installieren wollen. Deshalb gebe ich ihnen die Software in portabler Version mit und zeige ihnen, wie sie die entsprechenden Ordner auf die Festplatte ziehen können. Das zeige ich ihnen in der Schule genau vor und dann können die Schüler das auch daheim machen.
> Für den schulischen Bereich ist der Reifegrad der verwendeten Freien Software auf jeden Fall ausreichend. Wobei den Schülern die Mehrauswahl bei den Cliparts und Vorlagen zum Beispiel bei Microsoft Office Powerpoint schon sehr gefällt. Aber über Extensions können Sachen wie eine Clipart-Gallery auch für OpenOffice.org nachgerüstet werden."

Hier beschreibt Oblinger einen wichtigen Punkt in der Entwicklung von OpenOffice.org und den Wechsel auf Version 3. Da das Programm immer komplexer wird, hat man einzelne Programmteile ausgelagert, die in Form von so genannten Extensions nachinstalliert werden können. So bleibt es der Anwenderin bzw. dem Anwender überlassen, dem Programm je nach Notwendigkeit einzelne Erweiterungen hinzuzufügen. Der Programmstamm bleibt somit nicht zu sehr überfrachtet und ist je nach Bedarf erweiterbar.

„Also den einzigen Nachteil, den ich gesehen habe, war, das mit den fehlenden Prüfungsdateien für OpenOffice, das war beim ECDL. Aber das ist mittlerweile auch behoben. Ich kann hier eigentlich keine Nachteile anführen."

Hierzu sei angeführt, dass erst durch den Druck und der Mitarbeit der Basis, sprich einzelner Lehrkräfte, die Prüfungen für die Durchführung mit OpenOffice.org adaptiert wurden. Die geringe Nachfrage nach F/OSS-Prüfungen machte das lange Zeit nicht nötig, doch mittlerweile hat sich der Bedarf entsprechend gesteigert.

„Ein großer Vorteil ist natürlich der Kostenfaktor aber auch die eingesetzten Dateiformate.
Mit OpenOffice.org kann ich jedes Dateiformat lesen, auch die von Microsoft, mittlerweile ja auch das neue Format von Microsoft Office 2007.
Verwende ich MS Office 2003, dann kann das neue Microsoft-Format nicht gelesen werden, von OpenOffice.org zumindest in der neuen 3er Version jedoch schon.
Das heißt, wenn ich OpenOffice.org verwende, kann ich eigentlich alle gebräuchlichen Dateiformate lesen."

Viele, auch proprietäre Dateiformate können geschrieben werden, dabei muss jedoch angeführt werden, dass das Schreiben in einem Fremdformat immer einem Exportieren gleichkommt und somit auch nicht immer verlustfrei durchgeführt werden kann.

„Obwohl am Betriebssystem würde ich im Moment nichts ändern, weil sich das Netzwerk mit einem 2003 Server mit den XP-Clients einfach bewährt hat.
Aber bei den Applikationen, die darauf gefahren werden, da will ich flexibel sein.
Die Schüler sollen sehen, dass es kostenlose Software auch gibt. Und auch wenn Microsoft günstige Angebote für die Schulen hat und jetzt eben auch für die Pflichtschulen, der Schüler hat ein Problem."

Unsere Schülerinnen und Schüler haben unterschiedlichste Versionen von Office-Paketen auf ihren Rechnern oder auch gar keine. Werden an den Schulen ältere Versionen von Microsoft Office eingesetzt, so haben die Schülerinnen und Schüler wohl keine Möglichkeit, diese Versionen legal zu erwerben. Dieses Dilemma wird hier mit dem Einsatz von Freier und Open Source Software umgangen.

„Und die Wirtschaft greift auch nicht immer auf die aktuellste Software zu, sondern lässt oft eine Generation aus. Ich kenne genügend Firmen, die noch mit Windows 2000 arbeiten und auch nicht mit der neuesten Office-Version, auch weil sie die Schulungskosten fürchten. Das weiß ich vom Scheuch und Fill [beides Firmen im Bezirk Ried, Anm. d. Verf.], aber auch von den Wackerwerken. Die arbeiten alle nicht mit der neuesten Software. Wozu auch? Die anfallenden Aufgaben lassen sich genauso gut mit älteren Versionen bewältigen."

Für das Erlernen von grundsätzlichen Kompetenzen ist der Einsatz der neuesten Software keine zwingende Voraussetzung.

„Im schulischen Bereich gibt es einfach zu wenige Fortbildungen. Die Kollegen sind darüber zu wenig informiert. Dabei wäre der Einsatz von Freier Software aber von großer Bedeutung, weil das, was man lernt, darauf greift man dann auch im weiteren Leben zurück. Die Schüler sollten größtmöglichen Überblick im Unterricht erfahren und verschiedenste Software kennen lernen, also nicht nur auf ein Produkt geschult werden.

So war ursprünglich ja auch der ECDL gedacht, dass er Software unabhängig funktionieren soll. Nur war halt dem nicht so. Erst jetzt stehen die entsprechenden Prüfungen auch mit den entsprechenden Dateien parat. Die neuen Versionen werden ja nur aus Gründen der Gewinnschaffung auf den Markt geworfen. Man hat sich an die Menüführung mit den Menüs gewöhnt und jetzt wird alles umgeworfen."

Oblinger, J. (27.10.2008). Informatikhauptschule Aurolzmünster

In dieselbe Kerbe schlägt auch Lauber, Leiter der IKT-Stabsstelle an der Pädagogischen Hochschule Oberösterreich.

Zuvor war er an die zwei Jahrzehnte im Institut für Fort- und Weiterbildung im Fachbereich Informatik der PH Oberösterreich tätig.

In Absprache mit dem Rektorat der Hochschule in Linz sind auf jedem der über 400 Computer der Bildungsstätte auch beide Office-Suiten, Microsoft Office und OpenOffice.org zur Installation vorgesehen. So bleibt es jeder Nutzerin und jedem Nutzer überlassen, womit sie bzw. er arbeiten will.

Gefragt nach dem Reifegrad des freien Office-Pakets OpenOffice.org stellt Lauber wie folgt fest:

„Ich glaube, man muss das alles ein bisschen anders andenken und auch das Rektorat ist hier meiner Meinung. Man muss sich erst einmal die Frage stellen, was will ich mit dem Produkt erreichen, was will ich damit machen. Und da muss man ganz klar sagen, mit einem OpenOffice komme ich für das, was benötigt wird, genauso weit wie mit einem Office von Microsoft.
Eine Textverarbeitung ist genauso gut, die Tabellenkalkulation ist genauso gut, in Teilbereichen sogar besser. Und dieser Stil muss auch im Haus greifen, wir wählen uns die Werkzeuge, die wir brauchen. Es wird sicher jetzt einige Zeit dauern, bis wir diesen Denkprozess, nicht Name und Produkt, sondern was will ich damit erreichen, in den Vordergrund bringen und da sehe ich irre Chancen für OpenOffice, weil es von der Entwicklung her sehr, sehr marktorientiert ist, alleine dadurch, weil es Leute vom ‚Markt‘ entwickeln.“

Die Konzentration auf das Notwendige scheint das Gebot der Stunde zu sein.

„Die, die es einmal getestet haben, die einmal damit gearbeitet haben und sich von der Microsoftschiene allmählich loslösen, sagen, das passt für das, was ich mache. Und ein interessanter Nebeneffekt: auch im Bereich Bildbearbeitung wird im Haus jetzt nicht auf Photoshop geschult sondern auf Gimp.“

Gefragt nach den Vor- und Nachteilen beim Einsatz von F/OSS kann Lauber mit einer eindeutigen Antwort aufwarten.

„Die Vorteile liegen eindeutig bei den Lizenzkosten für die Schulen. Die Lizenzgebühr fällt weg, man kann sich die Programme einfach installieren und was pädagogisch sehr wertvoll ist, man kann das Programm dem Schüler mitgeben und der kann es sich dann zu Hause installieren. Und es wird endlich einmal lizenzierte Software eingesetzt, Open Source ist ja lizenzierte Software, und es werden nicht 15 Raubkopien im Lehrsaal installiert. Aus meiner Erfahrung heraus weiß ich, dass es so ist. Die Gemeinden haben nicht so viel Geld. Es werden Computer mit vorinstalliertem Betriebssystem gekauft und zwei Jahre später wird dann illegaler Weise Software nachinstalliert. Alles Mögliche wird installiert, ohne Rücksicht auf Lizenzen. Der Vorteil von Open Source ist einfach, damit habe ich diese Probleme nicht.

Nachteile sehe ich eigentlich nicht viele, der Nachteil ist eher ein psychologischer, das Wehren gegen diese großen Anbieter wie Microsoft, Adobe, oder oder oder. Und dass es halt noch nicht den Namen hat, aber auch wahrscheinlich nie so einen Standard erreichen wird, nicht in der Qualität, sondern im Namen einen Standard wie Adobe- oder Microsoft-Produkte, weil es ja auch kein Marketing dahinter gibt."

Nur stellt sich die Realität zurzeit doch ein bisschen anders dar. Inwieweit es sich hierbei um ein Informationsdefizit handeln kann, beschreibt Lauber mit den folgenden Worten.

„Die Information ist sehr wohl draußen, glaube ich, es ist aber nur die Bequemlichkeit der Vortragenden und da vor allem der Lehrer, man müsste etwas Neues lernen und die Bereitschaft, etwas Neues zu lernen ist einfach bei vielen nicht da. Das habe ich auch hier von Kollegen gehört: ,Nein, das interessiert mich nicht, weil da müsste ich ja meine Vorbereitungen ändern.'"

Dies war auch mit ein Grund für Lauber auf einen totalen Umstieg auf Microsoft Office 2007 zu verzichten.

„Wir müssten vier- bis sechshundert Leute schulen, alle Sekretariatsmitarbeiter, das sind zirka 80, Vollzeit oder Teilzeit, egal, weil wenn jemand nur drei Stunden arbeitet, muss ich ihn auch umschulen. Dann die pädagogischen Mitarbeiter und alle Lehrer, die da im Haus sind und die in irgendeiner Weise den Computer nutzen. Und nutzen müssen den Computer alle, weil sie ja über PH-Online was tun müssen. Ein Umstieg auf 2007 ist ein komplettes Umlernen im Handling."

Lauber empfiehlt zudem, von reinen Produktschulungen Abstand zu nehmen und den Schülerinnen und Schülern in erster Linie die entsprechenden Funktionen zu präsentieren. Angesichts der raschen Entwicklung, wird kaum eine Schülerin bzw. ein Schüler nach dem

Ende der Schulpflicht an ihrem bzw. seinem Arbeitsplatz mit derselben Softwareversion wie in der Schule konfrontiert sein.

„Wenn man lernt, wenn du dieses Problem hast, dann klick dorthin, dann ist es völlig Wurst, ob ich umsteige von Office 2003 oder von OpenOffice auf Microsoft Office 2007 oder auf Star Office. Du lernst einen Text verschieben, Text ausschneiden, Text einfügen. Diese Funktionen sind in jedem Programm da, vielleicht unter einem anderen Menüpunkt oder mit einem anderen Icon, aber die Funktionen sind da. Also es ist auch eine Aufforderung an die Unterrichtenden, nicht das Klicken zu lehren, sondern das Nachdenken über Programme und wirklich das Arbeiten mit Programmen zu lehren. Wenn man nachdenkt, ein Schüler ist ja bis 14 an der Hauptschule oder bis 15 am Poly, bis der in die Wirtschaft kommt und irgendwas tut, hat sich auch dieses Produkt [Microsoft Office, Anm. d. Verf.] geändert, mit dem er ausgebildet wurde. Es ist also sowieso egal was ich da ausbilde, wenn ich nur Klicken am Bildschirm lehre.

Es ist wirklich egal, welche Software ich verwende, wenn ich den Sinn der Software zeige, die Tätigkeit der Software zeige, nicht welche netten Icons da sind und welche netten Menüpunkte da sind, sondern wieder von der Bedarfsorientierung aus und das leistet Open Source wie alle anderen Programme auch."

Zur Frage der Gefahr beim Einsatz von kommerzieller Software zeigt Lauber einen interessanten Aspekt auf.

„Wenn ich kommerzielle Software im Unterricht verwende, verleitet es die Auszubildenden dazu, sich diese kommerzielle Software irgendwie zu besorgen. Mit irgendwie meine ich vor allem Raubkopien. Ich glaube nicht, dass viele Schüler und Studenten wirklich eine offizielle Lizenz von zum Beispiel Microsoft Office haben oder auch von Photoshop oder von sonstiger Software, die unterrichtet wird.

So wäre das ja eine Anleitung sich Raubkopien zu besorgen, eine Anleitung zum Gesetzesbruch, wenn man das juristisch formulieren würde. Ich halte es für einen großen Vorteil, den Schülern Software wie OpenOffice geben zu können.

Weil, wenn ich etwas erreichen will im Informatikunterricht, muss ich auch Aufgaben stellen und wenn er das jetzt nur mit einer kommerziellen Software bewerkstelligen kann, die er aber nicht hat, dann passt irgendetwas nicht. Dann passt die Methodik nicht, dass ich Aufgaben stelle, die nur mit kommerzieller Software gemacht werden können, wo ich nicht sicher sein kann, dass er die hat. Bei einem Schulbuch ist es ja etwas anderes, weil das ein jeder bekommt. Das heißt, die Aufgabe, die im

Schulbuch steht, die kann ich ja geben, aber eine Aufgabe, die nur mit einem bestimmten Werkzeug gelöst werden muss, die dürfte ich eigentlich auch im Unterricht nicht stellen."

Lauber, F. (11.11.2008). Pädagogische Hochschule Oberösterreich

Also zeigt sich die Verwendung von kommerzieller Software im Bildungsbereich durchaus als eine problematische. Wenn wir von einem freien Zugang zu Bildung sprechen, dürfen wir die dafür notwendigen Hilfsmittel nicht unberücksichtigt lassen. Freier Bildungszugang heißt demzufolge auch die freie und legale Verwendung der benötigten Software für alle Auszubildenden.

5 Position der EU zu F/OSS

Die Europäische Union bezieht eine durchaus positive Stellung zum Einsatz von Freier Software und Open Source Software, im Besonderen im Bildungs- und Verwaltungsbereich.

So erleben wir, wie die öffentliche Verwaltung zunehmend auf F/OSS setzt. Auch die EU-Kommissarin Kroes führt bei einer Rede im Juni 2008 erfolgreiche Beispiele für Migrationen nach F/OSS an.

„There is much to learn from other public bodies such as Munich – and I am delighted to have the Mayor of Munich here this morning to tell us about his experience. But Munich is not alone: there is also the German Foreign Ministry, and the French Gendarmerie. The Dutch Government and Parliament are also moving towards open standards."

(Kroes, 2008, S. 6)

Zudem hat die Europäische Union im Jahr 2007 eine eigene Softwarelizenz vorgestellt, die letztendlich völlig kompatibel zur GPL scheint.

In ihrem Bestreben, sich unabhängig vom amerikanischen Softwaremarkt zu machen, strengt die EU immer wieder erfolgreich Kartellklagen gegen den Monopolisten Microsoft an und unterstützt im Gegenzug die Verwendung Freier Software auch für Unternehmen.

So befindet eine Untersuchung der Europäischen Union, dass der Einsatz von OpenOffice.org keinerlei produktive Einbußen mit sich bringt.

„The analysis show that the productivity associated with the use of OOo is higher than the productivity of MSO. (...)
We have found that for both applications there were similar number of users, similar number of documents, similar workload and productivity and only some difference in the documents lifespan.
Altogether we might conclude that the way of working with the two applications is comparable and OOo does not have negative impact on the way of work. No generally negative attitude towards the use of OOo was found."

(Ghosh, 2006, S. 275)

Unter anderem rät auch die Englische Schulbehörde von einem überstürzten Umstieg auf Microsoft Windows Vista und Microsoft Office 2007 auf Grund des Fehlens entsprechender Hardwareausstattung ab, wie in heise open im Jänner 2008 zu lesen stand (Krempl, 2008).

So wird auch an der Informatikhauptschule Aurolzmünster der Umstieg auf Windows Vista und Microsoft Office 2007 nicht als Notwendigkeit gesehen, sondern mit durchwegs positiver Erfahrung der Einsatz von F/OSS praktiziert.

6 Kritische Bewertung von F/OSS

In der FOSS-Studie, welche 2006 in der Schweiz erstellt wurde, werden die Vorteile von Freier Software und Open Source Software mit folgender Grafik veranschaulicht.

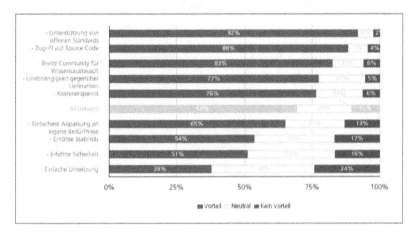

Abbildung 4: Vorteile von F/OSS (SwissICT, 2006, S. 16)

Die Studie reiht die Unterstützung offener Standards durch Freie Software an erster Stelle der angeführten Vorteile. Mit Recht, da die Verwendung von offenen Standards einhergeht mit einer entsprechenden Unabhängigkeit von bestimmten Softwareherstellern und deren proprietären Dateiformaten.

Das Bundesamt für Sicherheit in der Informationstechnik der Bundesrepublik Deutschland nimmt zum Thema Standards Stellung.

„Offene Standards, Protokolle und Formate ermöglichen jedem jederzeit Freie Software unabhängig vom Hersteller zu pflegen und eigenen Bedürfnissen anzupassen. Ältere Software und Formate können daher auf aktuellen Systemen eingesetzt und weiter genutzt werden."
(BSI-Kurzinformation, o.J.)

Des Weiteren wird natürlich auch immer wieder die Kostenersparnis durch den Wegfall von Lizenzgebühren angeführt.

Entsprechende Zahlenkonstrukte fehlen allerdings, speziell wenn es sich um so genannte „sanfte" Migrationen handelt, also auf der ursprünglichen Plattform die entsprechenden Anwendungsprogramme aus dem F/OSS-Bereich zum Einsatz kommen.

So empfiehlt Saleck im Besonderen diese Art der Migration.

„Zahlen für die Nutzung von Open Source Software auf der vorhandenen Windows-Plattform erscheinen dagegen kaum. Aber gerade diese Vorgehensweise ist für den Einstieg in den Umstieg interessant und mit viel geringerem Risiko behaftet."
(Saleck, 2005, S. 135)

Schenkt man der Studie „Auswirkungen von Open-Source-Software auf den Arbeitsmarkt" Glauben, dann wird F/OSS zunehmend an Bedeutung gewinnen. Der Wegfall immer neuer Lizenzgebühren bei der Installation kommt auch dem Budget von Bildungseinrichtungen zugute.

Gantar et al. sehen in dieser Studie den Zugewinn für Firmen auch eher im Servicebereich.

„Die Idee von Software als Dienstleistung ist nicht neu, wurde aber von Eric S. Raymond (‚Die Kathedrale und der Basar') speziell im Zusammenhang mit Open-Source-Software neu aufgegriffen. Nach Raymond ist die gängige Vorstellung von Softwarepaketen, die in Fabriken abgepackt und von Händlern zu einem bestimmten Preis zum Kunden gebracht werden, von nur geringer Bedeutung und wurde erst mit der Verbreitung von Personal Computern üblich. Software als Ware wird wieder verschwinden, denn tatsächlich ist sie mehr ein Rohmaterial, das Installation, Wartung, Anpassung, Ergänzungen und Installation neuer Versionen – Service – erfordert."
(Gantar et al., 2003, S. 11)

Der angesprochene Service wird in Zukunft in heterogenen Softwareumgebungen von Nöten sein. Neben dem Einsatz von F/OSS bei Anwendungsprogrammen werden auch mehr und mehr Linux-Arbeitsplätze in Schulen eingerichtet, bedingt durch eine zunehmend einfacher werdende Installation.

Auch in diesem Punkt plädiert das Bundesamt für Sicherheit in der Informationstechnik für eine Softwarevielfalt und bezieht Stellung gegen die vorherrschende Monokultur bei Betriebssystemen.

„Diese fördert Redundanz und verringert die Ausbreitung von Schadsoftware im Vergleich zu Monokulturen, die bei proprietärer Software häufig anzutreffen sind. Dadurch wird die Abhängigkeit von nur einem Hersteller vermieden."

(BSI-Kurzinformation, o.J.)

Unaufhaltsam wird auch an den Bildungseinrichtungen eine softwaretechnische Vielfalt Einzug halten und dadurch die informationstechnische Bildung bereichern. Nur wer beizeiten Alternativen kennen lernt, kann sich bei Bedarf auch dieser bedienen.

7 Kosten

Die anfallenden Kosten für Software ergeben sich aus dem hohen Entwicklungsaufwand, wohingegen die Kosten für den Vertrieb durch neue Vertriebskanäle wie das Internet durchaus vernachlässigbar erscheinen.

So beschreibt es auch Leiteritz in seiner Untersuchung zum Einsatz von F/OSS in Unternehmen.

„Der erste Datenträger einer Software kann Millionen von Euro kosten, jeder weitere nur noch Cents. In der Softwareindustrie existieren praktisch keine Produktionskosten. Der gesamte Aufwand fällt in der Entwicklung und der Vermarktung der Software an. Deshalb wird Software in möglichst großen Stückzahlen für möglichst große Märkte produziert."
(Leiteritz, 2003, S. 19)

Auch wenn Freie Software bzw. Open Source Software nicht grundsätzlich kostenlos sein muss, hier sei wieder auf die widersprüchliche Bedeutung des Wortes „free" verwiesen, so kann sie in den meisten Fällen lizenzkostenfrei bezogen werden.

In Form von Distributionen kann F/OSS aber auch käuflich erworben werden, was in der Regel einen zusätzlichen Support inkludiert.

Wenn auch anfallende Lizenzkosten nicht unbedingt eine unüberwindliche Hürde für die Schulerhalter darstellen, da die Lizenzen für Schulen entsprechend günstig angeboten werden, so ist bei einem ständig aktuell gehaltenen System doch permanent mit nicht unbedeutenden Ausgaben zu rechnen, zudem die Lizenzen ja auch pro Arbeitsplatz zu verrechnen sind.

Eine Studie der Fraunhofer Gesellschaft sieht ebenfalls Vorteile durch den Wegfall von Lizenzkosten.

„Für Open Source Softwareprodukte fallen im Normalfall keine Lizenzkosten an. Dies wirkt sich in der Regel positiv auf die Wirtschaftlichkeit von Software aus."
(Kett et al., 2005, S. 172)

In jedem Fall kann es somit zu finanziellen Einsparungen an den einzelnen Schulstandorten kommen und folglich können Investitionen anderer Art getätigt werden. Um die eingesparten Mittel besteht die Möglichkeit, zusätzliche Hardware zu besorgen.

8 Abhängigkeit vom Anbieter

War die letzten Jahre fast ausschließlich ein Microsoft-Betriebssystem auf den Personal Computern installiert, zeigt sich die letzten Monate ein geringfügiger Einbruch zu Gunsten von Apple und dem freien Betriebssystem Linux.

Net Applications kann mit den folgenden Zahlen aufwarten und zeigt Microsoft Windows erstmals seit Jahren unter der 90 %-Marke.

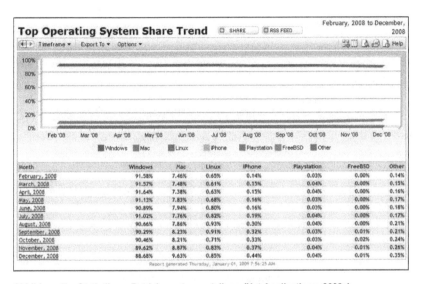

Abbildung 5:   Statistik zur Betriebssystemverteilung (Net Applications, 2008a)

Softwarefirmen versuchen unter anderem über proprietäre Dateiformate eine entsprechende Kundenbindung zu erreichen. Nicht immer sind die Programme abwärtskompatibel, wodurch auch die Investition in immer neue Softwareversionen notwendig ist.

Man bedenke die Notwendigkeit der Archivierung von digitalen Daten.
In Abhängigkeit von einem bestimmten Anbieter würde das heißen, permanent in neue Programmversionen investieren zu müssen, wobei auch immer der gesamte Datenbestand auf die neuen Dateiformate adaptiert werden muss.

Indem Microsoft mit der Veröffentlichung von Office 2007 auch das Dateiformat geändert hat, sodass frühere Versionen des hauseigenen Office-Pakets dieses ohne zusätzliches Add-On

---

nicht einmal mehr lesen können, ergibt sich hier beinahe das Faktum der Nötigung, auf die neue Version umsteigen zu müssen.

Wenn auch im Nachhinein das angesprochene Add-On von Microsoft zur Verfügung gestellt wurde, ist die Absicht des Monopolisten wohl klar erkennbar, nämlich Kundenbindung.

Eine Untersuchung der Fraunhofer Gesellschaft beschreibt die Abhängigkeit von kommerziellen Softwarekonzernen.

„Open Source Software zwingt im Gegensatz zu manchem kommerziellen Pendant die Nutzer nicht in ein Abhängigkeitsverhältnis zu bestimmten Herstellern. Vielmehr genießen die Nutzer freier Software umfassende Freiheitsrechte in Bezug auf deren Einsatz."
(Kett et al., 2005, S. 172)

Ebenso weist die Fraunhofer Gesellschaft in derselben Untersuchung auf die möglichen Abhängigkeiten in Bezug auf die von den Konzernen diktierten Nutzungsbedingungen hin.

„Ein weiteres Kriterium betrifft die Abhängigkeiten von Nutzungsbedingungen der Anbieter. Diese können den Anwendern die Möglichkeiten des Einsatzes ihrer Produkte sehr weitgehend vorschreiben – und führen dies in der Praxis auch durch."
(ebd., S. 171)

Bei F/OSS ist die Nutzung grundsätzlich frei und auch an keine Gerätezahl oder Nutzerzahl gebunden.

9 Möglichkeit der Weitergabe

Gerade für die Schülerinnen und Schüler der Informatikhauptschule Aurolzmünster spielt der Aspekt der freien Weitergabe der in der Schule verwendeten Software eine große Rolle, zudem ja auch bestimmte Versionen von Applikationen in der Schule zum Einsatz kommen.

So sind die günstigen Lizenzierungsformen, wie sie den österreichischen Bildungsinstitutionen von einigen Softwarefirmen zur Verfügung gestellt werden, immer unter dem Aspekt der Werbung um zukünftige Nutzerinnen und Nutzer zu sehen.

„In der Softwarebranche werden viele Märkte von sehr wenigen Großunternehmen beherrscht. Die Marktmacht dieser Unternehmen ist erheblich, was in der Praxis tatsächlich zu einem Abhängigkeitsverhältnis zu diesen Anbietern führt."
(Kett et al., 2005, S. 170)

Die Schülerinnen und Schüler haben jedoch nur bedingt Zugriff auf günstige Softwarelizenzen, weshalb sich der Einsatz von Freier Software und Open Source Software in Bildungseinrichtungen empfiehlt.

Die Auszubildenden haben ein Recht darauf, die für den Unterricht notwendige Software zur Verfügung gestellt zu bekommen, wenn gleiches Recht auf Bildung nicht nur ein Lippenbekenntnis der Bildungsverantwortlichen sein soll.

10 Hilfestellung und Support

Entsprechende Hilfestellung bzw. Support ist auch im Bereich Freier Software und Open Source Software in entsprechendem Umfang gegeben.

So haben speziell die größeren Software-Projekte eine entsprechende Onlinehilfe ins Programm integriert. Angeführt sei hier die Hilfefunktion von OpenOffice.org 3.0, die in traditioneller Weise über die Funktionstaste F1 oder über den Menüeintrag Hilfe zu erreichen ist.

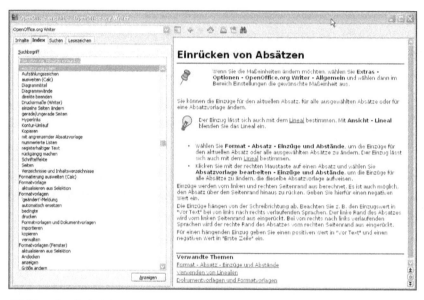

Abbildung 6:   Die Hilfefunktion in OpenOffice.org 3.0

Zudem findet man mittlerweile genügend Literatur zu den einzelnen Anwendungen aus dem Bereich F/OSS, manche auch frei verfügbar im Internet.

Will man Hilfe zu speziellen Problemen bekommen, ist auch Eigeninitiative gefragt. So kann festgestellt werden, dass beim Einsatz von F/OSS der Zugang zum Internet eine fast unabdingbare Notwendigkeit darstellt, sei es, um sich die Programme samt Updates zu beschaffen, als auch um sich Informationen zur Applikation aus dem Netz zu besorgen.
In Mailinglisten und Foren trifft man auf Gleichgesinnte und bekommt meist fachkundige Auskunft. Außerdem bieten diese Foren auch die Möglichkeit, eigene Erfahrungen an die Community zu übermitteln.

Gemeinsam erstellte Wikis stellen eine weitere Quelle dar, um sich über die Funktionen der entsprechenden Software zu informieren. Hier soll als Beispiel das OOo-Wiki angeführt werden, welches sehr umfangreiche Hilfestellungen zu fast allen auftauchenden Fragen rund um OpenOffice.org liefert und ob der täglichen Mitarbeit vieler Freiwilliger ständig aktualisiert wird (Quelle: http://www.ooowiki.de/).

Gegenseitige Hilfe und Unterstützung kennzeichnen also den Support von F/OSS.

Innerhalb der Gemeinschaft sind auch immer wieder offene Treffen vorgesehen, wie hier ein Stammtisch in München, zu dem jede bzw. jeder eingeladen ist.

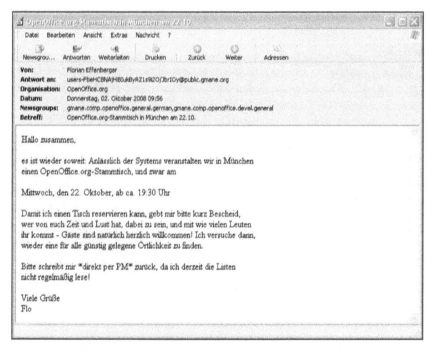

Abbildung 7: Mitteilung von Florian Effenberger in der OpenOffice.org Newsgroup

Florian Effenberger ist Mitglied im Vorstand des gemeinnützigen Vereins OpenOffice.org Deutschland e.V.

Zurzeit stehen drei deutschsprachige Newsgroups zum Thema OpenOffice.org, einer der wichtigsten und populärsten Applikationen aus dem F/OSS-Bereich, zur Verfügung.

gmane.comp.openoffice.devel.german mit insgesamt 20.298 Nachrichten,

gmane.comp.openoffice.marketing.german mit insgesamt 812 Nachrichten,

gmane.comp.openoffice.general.german mit insgesamt 83.105 Nachrichten

[Stand: 10. Oktober 2008]

Die Teilnehmerinnen und Teilnehmer geben in der Regel hilfreiche und kompetente Antworten auf allfällige, die freie Office-Suite betreffende Anfragen.

Diese und andere Newsgroups sind über den freien Newsserver news.gmane.org mittels Newsreader für jede Interessierte und jeden Interessierten zu beziehen.

Anhand der eingestellten Einträge kann der Entwicklungsprozess und die Beteiligung der Community nachgelesen werden. Hier werden auch gefundene Bugs, Fehler in einem Softwareprogramm usw. mitgeteilt und diskutiert.

Mailinglisten, Foren und Wikis erweitern diese Hilfestellungen zu diversen F/OSS-Projekten und sollten auch den Schülerinnen und Schülern als Anlaufstelle bei auftretenden Fragen nahe gebracht werden.

11 Resümee

So kann abschließend bemerkt werden, dass Unwissenheit und Markengläubigkeit sehr oft die ausschlaggebenden Beweggründe sind, doch proprietäre Software, sowohl in Unternehmen wie auch im Bildungsbereich zum Einsatz zu bringen.

Alleine beim Release-Wechsel von MS Office 2003 auf MS Office 2007 haben sich vielerorts Kompatibilitätsprobleme ergeben, denen nur durch den Neukauf der aktuellen Software abzuhelfen war.

Um langfristige Daten verfügbar machen zu können, sind Offene Standards unabdingbar. Und die Verwendung Offener Standards ist wohl eher eine Domäne von Freier Software.

Die Zukunft wird uns lehren, wie weit unsere digitalen Aufzeichnungen für künftige Generationen noch problemlos konsumierbar bleiben.

Damit die Schülerinnen und Schüler immer die aktuelle Version der verwendeten Software nutzen zu können, wurde die sogenannte USB-Tankstelle (http://infhsa.wordpress.com/) in Form eines Weblogs ins Leben gerufen. Hier finden die Lernenden alle eingesetzten Programme mit einer kurzen Beschreibung und einem Downloadlink.

12 Abbildungsverzeichnis

Abbildung 1: Onlineumfrage im Bezirk Ried i. I. mittels Limesurvey 4

Abbildung 2: Office-Versionen an den Hauptschulen im Bezirk Ried i. I. 5

Abbildung 3: F/OSS-Einsatz an den Hauptschulen im Bezirk Ried i. I. 6

Abbildung 4: Vorteile von F/OSS (SwissICT, 2006, S. 16) 17

Abbildung 5: Statistik zur Betriebssystemverteilung (Net Applications, 2008a) 21

Abbildung 6: Die Hilfefunktion in OpenOffice.org 3.0 24

Abbildung 7: Mitteilung von Florian Effenberger in der OpenOffice.org Newsgroup 25

13 Bibliographie

BSI-Kurzinformation. (o.J.). Sicherheitstechnische Aspekte Freier Software. [online]. http://www.bsi.bund.de/literat/faltbl/F12OSS.htm [abgefragt am 12.12.2008].

Gantar, R., Webber, F., Kimla, N. & Brötzner, G. (2003). Auswirkungen von Open-Source-Software auf den Arbeitsmarkt, Eine Übersichtsstudie im Auftrag des Bundes-ministeriums für Wirtschaft und Arbeit. [online]. http://www.uptime.at/ fileadmin/user_upload/media/pdf/os_arbeitsmarkt.pdf [abgefragt am 20.11.2008].

Ghosh, R. A. (2006). Study on the: Economic impact of open source software on innovation and the competitiveness of the Information and Communication Technologies (ICT) sector in the EU. [online]. http://ec.europa.eu/enterprise/ ict/policy/doc/2006-11-20-flossimpact.pdf [abgefragt am 11.07.2008].

Kett, H., Renner, T., Rex, S. & Vetter, M. (2005). Open Source Software – Einsatzpotenziale und Wirtschaftlichkeit, eine Studie der Fraunhofer Gesellschaft. [online]. http://www.e-business.iao.fraunhofer.de/docs/fhg_oss-studie.pdf [abgefragt am 17.07.2008].

Krempl, S. (2008). Britische Schulbehörde rät von Migration auf Microsofts Vista ab. [online]. http://www.heise.de/open/Britische-Schulbehoerde-raet-von-Migration-auf-Microsofts-Vista-ab--/news/meldung/101693 [abgefragt am 02.08.2008].

Kroes, N. (2008). Being open about standards. [online]. http://europa.eu/rapid/ pressReleasesAction.do?reference=SPEECH/08/317&format=HTML&aged=0&langu age=EN&guiLanguage=en [abgefragt am 12.10.2008].

Leiteritz, R. (2003). Der kommerzielle Einsatz von Open Source Software und kommerzielle Open Source-Geschäftsmodelle. Zur Bedeutung von Open Source Software in Unternehmen und als Grundlage für Geschäftsmodelle. [online]. http://www.leiteritz.com/docs/Kommerzieller_Einsatz_von_OSS_und_OSS_Geschaef tsmodelle_2003.pdf [abgefragt am 08.07.2008].

Net Applications. (2008a). Top Operating System Share Trend. [online]. http://marketshare.hitslink.com/os-market-share.aspx?qprid=9 [abgefragt am 01.01.2009].

Saleck, T. (2005). Chefsache Open Source – Kostenvorteile und Unabhängigkeiten durch Open Source (1. Aufl.), Wiesbaden: Friedr. Vieweg & Sohn Verlag.

SwissICT. (2006). FOSS-Studie Schweiz. [online]. http://www.ch-open.ch/presse/material/ foss-studie_web.pdf [abgefragt am 24.07.2008].